¡A CONVERSAR!

3

Tara Bradley Williams

Special thanks to Jodie Parys, PhD, Maribel Borski,
Lidia Lacruz Amorós & Vandre Graphic Design, LLC

¡A Conversar! 3 - Student Workbook

ISBN: 978-1-934467-70-1

Tara Bradley Williams

Published by Pronto Spanish Services, LLC, P.O. Box 92, Lake Mills, Wisconsin 53551
www.ProntoSpanish.com

Table of Contents

Introduction **5**

Lección 1 .... **7**
- Introductions, Numbers, & Family Vocabulary Review
- "De" - Use of Possession
- Pronouns

Lección 2 .... **15**
- Descriptive Words (Adjectives)
- Transportation Vocabulary
- Comparatives & Superlatives

Lección 3 .... **19**
- Community Vocabulary
- Ser vs. Estar
- Feelings

Lección 4 .... **27**
- Present Tense Verb Conjugation
- Clothing Vocabulary Review
- Tener Expressions

Lección 5 .... **35**
- Present Progressive Tense
- Giving Suggestions & Expressing Opinions
- Time Vocabulary

Lección 6 .... **39**
- Sports & Hobbies Vocabulary
- Review of "Easy Past Tense" & "Easy Future Tense"
- More Time Vocabulary

Lección 7 .... **45**
- Food Vocabulary
- Introduction to Spanish Proverbs
- Future Tense
- Holidays

Lección 8 .... **55**
- Holiday Presentation
- Review

Appendix **59**
- Useful Expressions & Phrases **60**
- Excerpt from ¡A Conversar! 4 .... **61**
- Grammar Summary **66**
- Vocabulary by Lección **72**
- TPR Stories by Lección **79**
- Glossary (English - Spanish) / (español - inglés) **81**

¡Bienvenidos!

You are about to embark upon a hands-on, fun Spanish conversation course that is probably unlike most courses you have taken in the past. All of our activities try to "immerse" you into real-life Spanish and push your conversational skills to the limit. For some of you, verb charts and tenses may be new--especially if you have taken previous Pronto Spanish courses. For many others, it is simply a refresher to help you move your Spanish skills on to the next level. Wherever you are, rest assured that our focus is to get you to speak and use the language--not to make you a linguist.

At Pronto Spanish, we do not try to inundate you with grammar rules, but rather, give you "just enough" to help you communicate--no more, no less. We do not strive to be "all things to all people." Rather, we focus on providing quality exercises and fun stories to help you acquire the language. If you feel like you need more grammar explanations, please go to your local bookstore or ask your instructor for recommendations on one of the many wonderful Spanish grammar books that would fit your needs.

If you have any comments or suggestions on how we can improve this course and workbook, please write us at: comments@prontospanish.com. We look forward to hearing from you!

Tips for Learning Spanish

- RELAX! Let your guard down and have some fun. Remember many Spanish-speakers and immigrants try just as hard to learn English!

- Listen for "cognates" (words that sound similar in Spanish and English). For example, "communication" is "comunicación".

- Use your face and hands to express yourself. Gesturing, pointing, and touching things all help to convey the message.

- Focus on the "big picture." Your goal is to communicate, not to understand each and every word. If you do not understand a few words (or even sentences at a time), listen for the overall message.

- Practice Spanish every chance you get. Listen to the Spanish radio and television stations, use the Spanish language or subtitle options on your DVD player, or even travel to Spanish-speaking countries. Best of all, practice with your co-workers and Spanish-speaking neighbors as much as possible.

Lección 1

- Introductions, Numbers, & Family Vocabulary Review
- "De" - Use of Possession
- Pronouns

Introducciones

Instrucciones: Use the following conversational phrases to introduce yourself to your partner. (Only write down information if necessary. Try to speak spontaneously.)

With your partner, change the verb to "3rd person." For example, "me llamo" becomes "se llama." Be ready to introduce your partner to the class in 3rd person. Once again, try to speak spontaneously.

Yo	**Mi compañero**
Me llamo…	*Mi amigo/a* se llama …
Soy de…	*Mi compañero/a* es de…
Hablo…	*El/Ella* habla…
Tengo…	*Mi compañero/a* tiene…
Me gusta…	*A él/ella* le gusta …
Quiero…	*Mi amigo/a* quiere…
Necesito…	Necesita…..

Información Personal

Instrucciones: Listen to the class introductions and fill in the appropriate information.

Nombre	Origen	Idioma(s)	Tiene	Le gusta	Quiere	Necesita

School - Using "De"

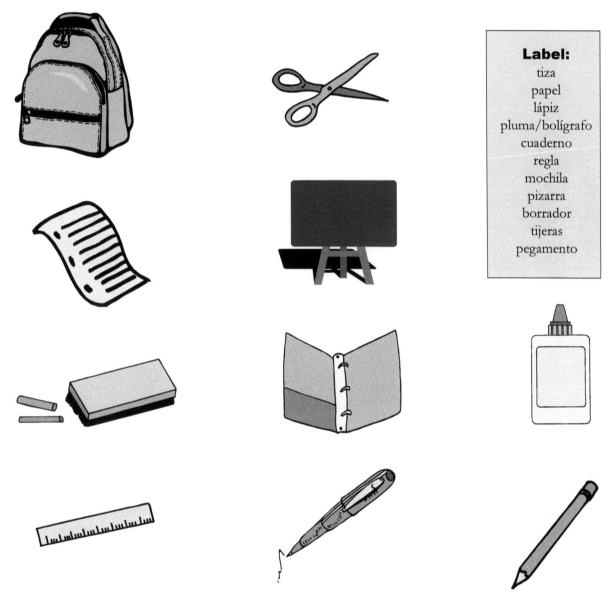

Label:
tiza
papel
lápiz
pluma/bolígrafo
cuaderno
regla
mochila
pizarra
borrador
tijeras
pegamento

The word "de" means "of" or "from" and shows possession. In English, it's the "-'s" in English.
(There is no 's in Spanish)

For example:

el libro de Carrie (Carrie's book)
la pluma de Lauren (Lauren's pen)
la silla de Adam (Adam's chair)

Family

Instrucciones: Make up phrases regarding family relationships using the following family tree. *Examples:* *La hermana de Roberto es Juana. La esposa de Juan es Lidia.*

abuelo/a	*grandfather/grandmother*	sobrino/a	*nephew/niece*
padre	*father*	esposo/a	*spouse*
madre	*mother*	padrino/madrina	*godfather/godmother*
hijo/a	*son/daughter*	parientes	*relatives*
hermano/a	*brother/sister*	padrastro	*step-father*
nieto/a	*grandson/granddaughter*	madrastra	*step-mother*
tío/a	*uncle/aunt*	hijastro/a	*step-son/daughter*
primo/a	*cousin*	hermanastro/a	*step-brother/sister*

Number Review

1	uno
2	dos
3	tres
4	cuatro
5	cinco
6	seis
7	siete
8	ocho
9	nueve
10	diez
11	once
12	doce
13	trece
14	catorce
15	quince
16	diez y seis
17	diez y siete
18	diez y ocho
19	diez y nueve
20	veinte
21	veinte y uno

30	treinta
40	cuarenta
50	cincuenta
60	sesenta
70	setenta
80	ochenta
90	noventa
100	cien
101	ciento uno
500	quinientos
700	setecientos
900	novecientos
1000	mil

ACTIVIDAD: Write down 3 numbers that are significant to you. In small groups, take turns guessing what meaning each number has for the other group members.

1. _____
2. _____
3. _____

For example:
33, 6, 20

Other members of my group would eventually guess that I am 33 years old, have been married for 6 years, and have a 20 month old son.

Numbers - "El año"

Saying the year is no longer as difficult as it once was. To say the year "2000, " say "dos mil." To say the year 2010, say "dos mil diez."

Before the year 2000, the Spanish speakers used the complete numerical phrase.

For example:

1800 = mil ochocientos *(One thousand, eight hundred)*
1950 = mil novecientos cincuenta
1416 = mil cuatrocientos diez y seis

ACTIVIDAD: Listen to your instructor and/or partner dicate several dates and write them below.

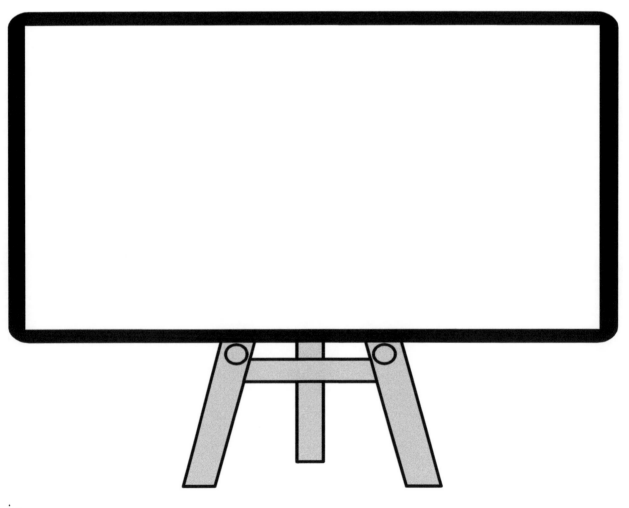

Pronouns

		Singular		Plural
1st person	yo		nosotros/as	
2nd person	tú		vosotros/as	
3rd person	él ella usted (Ud.)		ellos ellas ustedes (Uds.)	

Lección 2

- Descriptive Words (Adjectives)
- Transportation Vocabulary
- Comparatives & Superlatives

¿Cómo es? (Descripciones)

In Spanish, adjectives must "agree" with the noun they "modify." They generally follow the noun.
For example: La casa bonita. El libro grande. Las chicas atléticas. Los hombres generosos.

ACTIVIDAD: Check the adjectives that you do not know. Working with others and using gestures and Charades, learn the adjectives that you do not know and write in their definitions.

	alto/a		enérgico/a
	amable		estudependo/a
	ambicioso/a		extraño/a
	artístico/a		feo/a
	atlético/a		fiel
	bajo/a		feliz
	bonito/a		fuerte
	bueno/a		generoso/a
	callado/a		gentil
	confortable		gordo/a
	cariñoso/a		guapo/a
	casado/a		gracioso/a
	celoso/a		grande
	de buen humor		fantástico/a
	de mal humor		furioso/a
	desordenado/a		hermoso/a
	difícil		idealista
	egoísta		impaciente
	elegante		inteligente
	irritable		prometido/a
	joven		preocupado/a
	lindo/a		serio/a
	loco/a		simpático/a
	moreno/a		sociable
	nuevo/a		soltero/a
	ordenado/a		tacaño/a
	rubio/a		trabajador/a
	paciente		tranquilo/a
	pelirrojo/a		triste
	perezoso/a		viejo/a

15

Comparisons

There are 3 main ways to express "comparatives" and "superlatives".

INEQUALITY ("mas/menos _____ que")

Place "MÁS" (MORE) or "MENOS" (FEWER/LESS) before and "QUE" (THAN) after adjective, adverb, or noun

Por ejemplo:
Roberto tiene MÁS dinero QUE Jake.
Roberto has MORE money THAN Jake.

Janine tiene MENOS ropa QUE Isabel.
Janine has FEWER clothes THAN Isabel.

EQUALITY ("tan/tanto _____ como")

Use "TAN" (AS/AS MUCH) before and "COMO" (AS) after an adjective or adverb.

Por ejemplo:
Susana es TAN inteligente COMO Edna.
Susana is as intelligent as Maria.

Use "TANTO" with nouns.
(TANTO/A/OS/AS)

Por ejemplo:
Tengo TANTOS libros COMO tú.
I have AS MANY books AS you.

SUPERLATIVES ("el/la/los/las + más/menos")

Place a definite article (el, la, los, las) and "MÁS" or "MENOS" in front of an adjective.

Por ejemplo:
Paco es EL chico MÁS inteligente de la clase.
OR
Paco es EL MÁS inteligente de la clase.
Paco es the most intelligent boy in the class

Comparisons

Instrucciones: Using the adjectives on the previous pages, compare the members of this family.

Transportation

Instrucciones: In small groups, discuss possible answers for the following chart.

Forma de transporte	Descripción	¿Cuándo se usa?	¿Le gusta utilizar? ¿Por qué?
carro/coche/automóvil			
tren			
avión			
taxi			
camión			
motocicleta			
barco			
bicicleta			
helicóptero			
patines (de rueda)			

Verbos posibles

¿Ir en...?
¿Va en carro o tren para visitar a su familia?

Viajar en...
Me gusta viajar en avión porque es más rápido que un coche.

Montar en... (bicicleta, motocicleta)
Monto en bicicleta para llegar a mi trabajo.

Lección 3

- Community Vocabulary
- Ser vs. Estar
- Feelings

Community

How many do you know?

edificio	lugares
banco	aeropuerto
biblioteca	acera
cine	barrio
correos	calle
escuela	carreterra
estación de policía	centro
fábrica	comunidad
farmacia	cuadra
gasolinera	esquina
hospital	estacionamiento
iglesia	metro
museo	parada de autobuses
oficina	parque
restaurante	pueblo
tienda	puente

See? Spanish is easier than you think!

Community - Question Words

Remember these question words?

¿Qué?
¿Cómo?
¿Cuánto?
¿Cuándo?
¿Cuál?
¿Quién?
¿Dónde?

Instrucciones: Using the above words, ask as many questions as possible from pictures of your local community.

Por ejemplo:

¿Dónde está?
¿Cuándo es la foto? ¿En la primavera? ¿En el verano?
¿De qué es la foto?

Community

Instrucciones: In pairs, interview your partner to find our more about his/her interests in your community. Be prepared to share with the class.

¿Dónde está su lugar favarito en su comunidad?

¿Por qué le gusta ir a este lugar?

¿A quién le gusta ir?

¿Cúando le gusta ir?

¿Cuánto cuesta?

Instrucciones: Brainstorm different communities in which you belong and place in the first column below.

What "good" things do you predict will happen in these communities "hoy", "mañana," el año próximo," y "en mi vida." (Use the "easy future tense" - "ir" + a + infinitive.)

COMUNIDAD	HOY	MAÑANA	AÑO PRÓXIMO	EN MI VIDA

Community - Comparisons

Draw a map of your city or local community. Add landmarks, including where you live. Explain your map to your partner.

How does your map differ from your partner's map? Use as many adjectives to describe the similarities.

For example:
Mi mapa es más grande que el mapa de Judy.
El mapa de Judy es tan bonito como mi mapa.

22

Community - Directions

Instrucciones: Using the map you just drew, practice giving directions from the different landmarks. (Remember to use "Estar" with directions!)

a la derecha		debajo de	
a la izquierda		al lado de	
recto/derecho		cerca de	
detrás		lejos de	
delante		aquí	
encima de		allá	

Más vocabulario

Sigue _____.

Dobla _____.

Camina _____ cuadras.

Está _____.
    muy cerca.
    allí.
    enfrente de _____.
    detrás de _____.
    al lado de _____.
    a _____ cuadras de _____.

Continue _____.

Turn _____.

Walk _____ blocks.

It is _____.
    very close.
    there.
    in front of _____.
    behind _____.
    next to _____.
    _____ blocks from _____.

Estar & Ser = "to be"

ESTAR – most temporary conditions (feelings, etc.), location

yo	estoy	nosotros/as	estamos
tú	estás	vosotros/as*	estáis*
él ella usted (Ud.)	está	ellos ellas ustedes (Uds.)	están

You already know the first 3.
¿Cómo **estás**?
- **Estoy** *bien.*

¿Cómo **está** Usted?
- **Estoy** *muy bien.*

* "Vosotros" is only used in Spain. So all you have to learn are "estamos" and "están"!

SER – used almost everywhere besides "temporary conditions" or "location"

yo	soy	nosotros/as	somos
tú	eres	vosotros/as*	sois*
él ella usted (Ud.)	es	ellos ellas ustedes (Uds.)	son

You already know 4 of these.
¿Cuál **es** su nombre?
- **Soy** *Eva.*

¿De dónde **eres**?
- **Soy** *de los Estados Unidos.*

¿Qué hora **es**?
- **Son** *las 4.*

* "Vosotros" is only used in Spain. So all you have to learn is "somos"!

Sentimientos

contento / feliz

asustado

enojado / enfadado

triste

sorprendido

confudido

Sentimientos

orgulloso - proud
aburrido - bored
frustrado - frustrated
nervioso- nervous
deprimido - depressed
cansado - tired
celoso - jealous
emocionado - excited

Más vocabulario

For added emphasis, place the following before the "feeling word."

un poco	*Estoy un poco confudido.*
muy	*Estoy muy aburrido.*
tan	*Estoy tan emocionada.*
demasiado	*Estoy demasiado nerviosa.*

Lección 4

- Present Tense Verb Conjugation
- Clothing Vocabulary Review
- Tener Expressions

Conjugation Review

PRESENT TENSE

For present tense, you simply drop the last 2 letters of the verb and add on your new ending. For example, if you wanted to say "I dance", change the verb "bailar" to "bailo."

	- AR	- ER	- IR		- AR	- ER	-IR
yo	-o	-o	-o	**nosotros**	-amos	-emos	-imos
tú	-as	-es	-es	**vosotros**	-áis	-éis	-ís
él, ella, Ud.	-a	-e	-e	**ellos, ellas, Uds.**	-an	-en	-en

Unfortunately, there are exceptions to these. But this is the general pattern. *(See the appendix for a list of tem-changing verbs.)*

Actividad: Using the of common verbs on the following page, practice making sentences with your partner.

Common "Regular" Verbs
(How many do you know?)

AR VERBS				ER VERBS	
aceptar	to accept	besar	to kiss	responder	to answer
admirar	to admire	escuchar	to listen	creer	to believe
aconsejar	to advise	mirar	to look at	romper	to break
autorizar	to allow	buscar	to look for	traer* *(yo traigo)*	to bring
llegar	to arrive	equivocarse	to make a mistake	escoger	to choose
*estar *(yo estoy)*	to be	mezclar	to mix	toser	to cough
tomar	to take	llamar	to call	desaparecer	to disappear
respirar	to breathe	notar	to note	desobedecer	to disobey
cepillar	to comb	observar	to observe	beber	to drink
quemar	to burn	pintar	to paint	comer	to eat
comprar	to buy	pagar	to pay	caer* *(yo caigo)*	to fall
llamar	to call	organizar	to organize	suceder	to happen
calmar	to calm	preparar	to prepare	tener*	to have
verificar	to check	presentar	to present	conocer	to know
peinar	to comb	castigar	to punish	aprender	to learn
entrar	to come in	empujar	to push	deber	to must
comparar	to compare	alquilar	to rent	obedecer	to obey
continuar	to continue	reservar	to reserve	ofrecer* *(yo ofrezco)*	to offer
llorar	to cry	descansar	to rest	prometer	to promise
cortar	to cut	enviar	to envy	poner* *(yo pongo)*	to put
detestar	to detest	separar	to separate	leer	to read
divorciar	to divorce	quedar	to stay	reconocer* *(yo reconozco)*	to recognize
dibujar	to draw	estudiar	to study		
secar	to dry off	lograr	to earn	parecer	to seem
borrar	to erase	nadar	to swim	vender	to sell
examinar	to examine	tomar	to take		
explicar	to explain	pasear	to take a walk	IR VERBS	
llenar	to fill	hablar	to talk	asistir a	to attend
acabar	to finish	echar	to throw	describir	to describe
olvidar	to forget	delinear	to trace	destruir	to destroy
engordar	to gain weight	viajar	to travel	ir*	to go
levantarse	to lift	apagar	to turn off	salir* *(yo salgo)*	to go out
dar	to give	esperar	to wait	subir	to go up
regresar	to go back	caminar	to walk	abrir	to open
odiar	to hate	lavar	to wash	decir* *(yo digo)*	to say
calentar	to heat	mirar	to watch	servir	to serve
esperar	to hope	llevar	to wear	compartir	to share
identificar	to identify	secar	to dry	sugerir	to suggest
informar	to inform	preocupar	to worry	escribir	to write
invitar	to invite	gritar	to yell	vivir	to live

Clothing Review

Instrucciones: Label the following:

zapatos   falda   traje de baño   blusa   suéter   camiseta
pantalones   vestido   pantalones cortos   camisa   calcetines   chaqueta
                     sudadera   zapatillas

Instrucciones: Label the following:

cinturón	gorro (de esquí)	paraguas	corbata	collar	aretes
sombrero	gorra (de béisbol)	gafas/lentes	camisa	pulsera	cartera
		guantes	bolsa	anillo	

Clothes - Care

Instrucciones: As a group, write down the piece of clothing, color, and description. In pairs, fill in the table for laundry care.

Ropa	Descripción	Lavar	Secar	Planchar

Clothing Survey

Instrucciones: In pairs, ask your partners the following survey questions. Be ready to report back to the class!

1.   ¿Qué llevas a tu trabajo?

2.   ¿Prefieres llevar ropa formal o ropa informal?

3.   ¿Quién compra la ropa en tu familia? ¿Cada persona compra su ropa para sí mismo? ¿Hay una persona que compra ropa para todos?

4.   ¿Quién lava la ropa?

5.   ¿Quién plancha la ropa?

6.   ¿Quién arregla la ropa?

7.   ¿Le gusta ir de compras o prefiere comprar en internet?

Tener Expressions

Instrucciones: Draw the meaning or examplan the following "tener" expressions

tener que...	tener suerte
tener calor	tener frío
tener miedo	tener sueño
tener hambre	tener sed
tener razón	no tener razón
tener _____ años	

Lección 5

- Present Progressive Tense
- Giving Suggestions & Expressing Opinions
- Time Vocabulary

Present Progressive

This tense uses gerunds, or the "-ing" in English. You use this tense when something is happening right now—in the present moment.

Drop the last 2 letters and add:

AR verbs
- ando

ER/IR verbs
-iendo

Use the verb "estar" before the verb.

For example:
Estoy bailando.
(I am dancing.)

Está comiendo.
(He is eating.)

Estás escribiendo.
(You are writing.)

Giving Advice & Suggestions

There are many ways in which you can give advice and suggestions, including:

Puedes ...	*You can...*
Podrías ...	*You could...*
Debes ...	*You must...*
Deberías ...	*You should...*
Creo que ...	*I believe that...*
Pienso que ...	*I think that...*
En mi opinión	*In my opinion...*

Tengo problemas...

Create a "problem" about which you would like advice. In small groups, practice giving advice in response to their problems.

Example: Tengo $5000 en mi cuenta de ahorros *(savings account)*. Quiero comprar una casa. Tengo una hermana. No tiene mucho dinero. No tiene trabajo. Quiere pedir dinero. ¿Qué debería hacer?

Opiniones

What do you think makes a good community? List at least 10 factors.

In your opinion, what is "necesario" y "innecesario" en una comunidad.

Por ejemplo:
Para mí, es más importante tener iglesias que parques.

No es necesario	Me gustaría, pero no es necesario	Necesario

Time Expressions

nunca	*never*
casi nunca	*almost never*
una vez	*once*
a veces	*at times*
de vez en cuando	*every now and then*
muchas veces	*many times*
todos los días	*everyday*
cada día	*each day*
siempre	*always*

Instrucciones: Ask your partner how often they do the following. Be honest! (Don't forget to conjugate the verb.)

¿Con qué frecuencia...?

limpiar el baño	leer
pasar la aspiradora	hacer ejercicios
limpiar el polvo	mirar la televisión
barrer	ir a la iglesia
lavar los platos	llamar a sus amigos
lavar la ropa	escribir correos electrónicos
arreglar su armario	visitar a su familia
organizar el garage	hacer deporte

¿Quién es el más ordenado de la clase?

Lección 6

- Sports & Hobbies Vocabulary
- Review of "Easy Past Tense" & "Easy Future Tense"
- More Time Vocabulary

Sports & Hobbies (Verbs)

patinar	*to skate*	leer el diario	*to leer the newspaper*
bucear	*to scuba-dive*	actuar en una obra	*to act in a play*
montar en bicicleta	*to ride a bike*	ir a un concierto	*to go to a concert*
ir a acampar	*to go camping*	pasar una tarde tranquila	*to spend a quiet afternoon*
correr	*to run*	escuchar música	*to listen to music*
pasear en barco de vela	*to sail*	ir a la playa	*to go to the beach*
navegar	*to sail*	ir de vacaciones	*to go on vacation*
nadar	*to swim*	mirar videos	*to watch videos*
esquiar	*to ski*	tocar el _____	*to play (an instrument)*
caminar	*to walk*	hacer esquí acuático	*to water ski*
pasear	*to go for a walk*	hacer surf a vela	*to wind surf*

39

Nouns

baloncesto/basquetbol	*basketball*	carrera	*race*
camping	*camping*	descanso	*rest*
naipes/cartas	*cards*	deporte	*sport*
juego de damas	*checkers*	tenis	*tennis*
ajedrez	*chess*	teatro	*theater*
concierto	*concert*	piscina	*pool*
juego	*game*	boliche	*bowling*
golf	*golf*	fútbol	*soccer*
guitarra	*guitar*	fútbol americano	*football*
alpinismo	*climbing*	boxeo	*boxing*
película	*movie*	fotografía	*photography*
cine	*movie*	póker	*poker*
estrella de cine	*movie star*	rompecabezas	*puzzles*
museo	*museum*	vólibol	*volleyball*
música	*music*	bicicleta de montaña	*mountain bike*
fiesta	*party*	piano	*piano*

More Sports Vocabulary

atleta	*athlete*	canasta	*basket*
campo	*field*	juego	*game*
cancha	*court*	partido	*game*
entrenador	*coach*	pelota/bola	*ball*
equipo	*team*	práctica	*practice*
estadio	*stadium*	raqueta	*raquet*
red	*net*	bate	*bat*
uniforme	*uniform*	ejercicio	*exercise*
pesas	*weights*	gimnasio	*gymnasium*

Entrevista Personal

Instrucciones: Answer the following questions.

1. ¿Prefieres hacer ejercicio o mirar una película?

2. ¿Prefieres jugar a las cartas o ir a un concierto?

3. ¿Prefieres ir a un partido o hacer un rompecabezas?

4. ¿Prefieres ir a acampar o ir al teatro?

"Easy" Past Tense

To express past tense in Spanish "easily," use the "present perfect" tense. In English, this is the "to have done something" tense.

For example:
I have eaten. I have slept. I have worked.

In Spanish, use:

1) the "have" verb

(Yo) **He**	I have	(Nosotros) **Hemos**	We have
(Tú) **Has**	You have (informal)	(Vosotros) **Hais**	You (all) have *(Spain only)*
(El/ella/Ud.) **Ha**	He/She has You have (formal)	(Ellos/ellas/Uds.) **Han**	They have You (all) have

2) the verb you are trying to express in the past tense. (You need to change the ending a bit, depending on if it ends in –ar, -er, or –ir.)

AR Verbs	ER Verbs	IR Verbs
bailar → bailado	comer → comido	vivir → vivido
hablar → hablado	leer → leído	ir→ ido
mirar → mirado	beber → bebido	decidir → decidido

EXAMPLES:
I have eaten. He has slept. You have worked.
He comido. Ha dormido. Ha trabajado.

Instrucciones: List 3 activities/hobbies you **have done** *(easy past tense)* in the last month.

"Easy" Future Tense (Ir + a + infinitive)

This is the "easy" way to express the future. We start with the verb "ir" (to go) and conjugate it as follows:

(Yo) **Voy**	I go	(Nostros) **Vamos**	We go
(Tú) **Vas**	You go (informal)	(Vosotros) **Vais**	You (all) go *(Spain only)*
(El/ella/Ud.) **Va**	He/she goes You go (formal)	(Ellos/ellas/Uds.) **Van**	They go You (all) go

Examples:
Voy a jugar al fútbol. (I am going to play football.)
¿Va a comer? (Are you going to eat?)

Instrucciones: List 5 activities/hobbies you would like to do in the next year (different from the previous list). Use the "easy" future tense.

More Time Expressions

Instrucciones: In partners, try to fill in all of the time expressions.

ahora	hoy
ahorita	mañana por la mañana
anoche	luego
anteayer	mañana
antes	pronto
apenas	el próximo mes
ayer	tarde
después	temprano
entonces	todavía
esta noche	un momento
hace dos años	ya

Instrucciones: In partners, practice the 4 verb tenses that you have learned thus far.

Ejemplo:

Verb: Trabajar

Persona A	Persona B
Trabajo hoy.	*I work today.*
Estoy trabajando ahorita.	*I am working right now.*
He trabajado antes.	*I worked before.*
Voy a trabajar mañana.	*I am going to work tomorrow.*

Lección 7

- Food Vocabulary
- Introduction to Spanish Proverbs
- Future Tense
- Holidays

Comida

Instrucciones: Using the pictures in the book, take turns describing the food or drink with as many adjectives as possible. Feel free to think of your own food or drink items not on the list and describe it, giving your partner an opportunity to guess what it is.

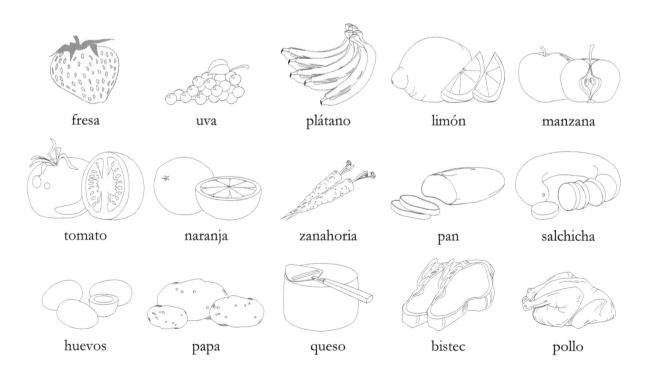

fresa   uva   plátano   limón   manzana

tomato   naranja   zanahoria   pan   salchicha

huevos   papa   queso   bistec   pollo

Food

Instrucciones: Everybody in your family has a favorite meal. Ask questions to find out who likes to eat what at what time. (Don't cheat! Cover up the other person's answers!)

Possible questions:
¿Qué come Julio?
¿A qué hora come Julio?
¿Quién come a las nueve y diez?

Persona A

Nombre	Hora	Comida
Julio	8:05	
	9:10	Tostado y jugo
Marina		
Enrique		Pavo, papas, agua
Juan	8:25	

Persona B

Nombre	Hora	Comida
Julio		Huevos y café
Eva		
	12:16	Bocadillo de jamón y vino
	1:55	
Juan		Sopa, pan, y agua

Food Proverbs

Instrucciones: Read the proverbs and try guess their meanings. Explain their meanings and give examples. Students can then try to create their own examples.

Llamar al pan pan y al vino vino

Buscarle pelos al huevo

No partir peras con nadie

Andar pisando huevos

Estar hasta en la sopa

Llevarse calabazas

Poner toda la carne en el asador

Mandarle a alguien a freír espárragos

Sacar las castañas del fuego a alguien

Hacer buenas migas con alguien

Future Tense

The future tense is quite easy as it has all of the same endings for all 3 kinds of verbs. For –ar, -er, and –ir verbs, you simply add the following to the endings:

	-AR/-ER/-IR		-AR/-ER/-IR
yo	- é	nosotros	-emos
tu	- ás	vosotros	-éis
el, ella, Ud.	- á	ellos, ellas, Uds.	- án

For example:

AR Verbs

¿Bailará salsa en la fiesta?
Will she dance the salsa at the party?

Creo que sí. Bailará salsa en la fiesta
I believe so. She will dance the salsa at the party.

ER Verbs

¿Comerá en la cafetería?
Will you eat in the cafeteria? (formal)

Sí, comeré en la cafetería.
Yes, I will eat in the cafeteria.

IR Verbs

¿Irás al cine?
Will you go to the theater? (informal)

No, no iré al cine.
No, I will not go to the theater.

Some Irregulars:
decir (dir-)
hacer (har-)
haber (habr-)
querer (querr-)
poder (podr-)
poner (pondr-)
saber (sabr-)
venir (vendr-)
tener (tendr-)

¿Cuáles son sus planes esta semana?

(Use Usted)

PERSONA A

Usando el "futuro," escriba sus planes para la semana. Diga a la Persona B sus planes. (Use 1st person. Example: Trabajaré, comeré, etc.)

¿Cuáles son los planes de la Persona B? (Report back using 3rd person. Example: Trabajará, comerá, etc.)

PERSONA B

Usando el "futuro," escriba sus planes para la semana. Diga a la Persona A sus planes. (Use 1st person. Example: Trabajaré, comeré, etc.)

¿Cuáles son los planes de la Persona A? (Report back using 3rd person. Example: Trabajará, comerá, etc.)

Future Tense Survey

Instrucciones: Using "tú", ask:

	Persona A	Persona B	Persona C
¿Qué comerás esta noche?			
¿Qué desayunarás mañana?			
¿Qué almorzarás mañana?			
¿Qué comprarás en el supermercado?			
¿Qué mirarás en la televisión esta noche?			
¿Dónde trabajarás en 5 años?			
¿Que harás este fin de semana?			
¿A dónde irás en vacaciones?			

¿Qué tienen en común? ¿Hay muchas diferencias entre las personas?

Holidays

¿Cómo celebrarás los siguientes días festivos?

	Inglés	Fecha	Cómo celebraré
El Año Nuevo			
Día del Amor y la Amistad			
Semana Santa			
Día Conmemorativo			
El Día de Independencia			
El Día del Trabajador			
El Día de Colón			
El Día de Acción de Gracias			
La Noche Vieja			
La Navidad			

Hispanic/Latino Holidays

Date & Origin	Celebration Name	Tradition Description
January 1 Cuba, Latin American Spain	Año Nuevo	Families attend mass and/or have dinner. The tradition is to eat 12 grapes in the seconds before the stroke of midnight, with each grape as a symbol of the last 12 months and the next 12 months to come.
January 6 Spain	Día de Los Reyes Magos	In much of Latin America, this holiday is more important than Christmas, as it is a day for the adoration of baby Jesus just like the Three Kings did when they arrived at the stable. In many countries, children get their presents on this day as opposed to Christmas day.
February 27 Dominican Republic	Dominican Republic Independence Day Carnaval	February 27th is Independence Day and the start of the Dominican Republic Carnaval. Carnival is a four-day celebration happening from Saturday through Tuesday. Note: The date of Carnaval changes each year. (Carnaval Sunday is exactly 49 days or seven weeks before Easter Sunday.) Celebrated mainly in Brazil, Cuba, Dominican Republic, Panama, Bolivia, and Colombia.
March 12-19 Valencia, Spain	Las Fallas de Valencia, Spain	The celebration of St. Joseph's Day. Artists spend a year making gigantic papier-mache caricatures of famous people and in celebration, they set them on fire in bonfires.
March 21 Mexico	Birthdate of Benito Juárez	Juárez was one of Mexico's most loved presidents. He is revered for policies that assisted the poor and improved the public schools.
March/April Latin America, Spain	La Semana Santa (Holy Week)	One of the highest holy days of the year is Easter for Latino Catholics. Holy week involves solemn processions, masses, and prayer. Cascarones (confetti-filled, painted eggs) is a custom in Mexico and the U.S.
April 30 Latin America	Día de los Niños	April 30th is a holiday recognizing children as the center of the Latino family.
May 1 Latin America Spain	Dia del Trabajo	International Day of the workers. Banks, government offices, stores, post offices and businesses close for the day.
May 5 Mexico	Cinco de Mayo	Cinco de Mayo commemorates the Mexican Army of 4,500 men's victory over the 6,500 French at the Battle of Puebla in 1862. Now a celebration of Mexican food, culture, and pride.

May 20 Cuba	Independencia de Cuba	1902 - Cuba's birth as an independent republic. Spain ruled Cuba from the 16th Century until 1898.
July 6-14 Pamplona, Spain	Los Sanfermines (Running of the Bulls)	Running of the Bulls dates back to the 14th Century, but was popularized by Ernest Hemingway. Each day for a week, every day, the bulls run from old town Pamplona to the main bullfighting plaza.
September 8 Cuba	Feast of Nuestra Señora de la Caridad del Cobre	The remembrance of Cuba's patron Virgin of Charity. Cubans and Cuban Americans pray to her for inspiration and support.
September 16 Mexico	Dia de la Indepencia de Mexico	In 1810, Father Miguel Hidalgo called to his people to revolt against Spain from 300 years of Spanish rule. The war lasted for 11 years. In celebration, every year, Mexicans and Mexican Americans celebrate this day by echoing the words of Father Hidalgo, "¡Viva Mexico! ¡Viva la Independencia!"
October 12 U.S. Latin America Spain	Día de la Raza (Columbus Day)	La Raza refers to mixed race. The celebration of Columbus' arrival to the Americas is met with mixed opinion in the Hispanic/Latino culture. Some view the day as tragic based on the events to follow. Others see the day as a celebration of their mixed heritage.
November 2 Mexico, Central America	El Día de los Muertos	The holiday is centered on celebrating and honoring one's ancestors. On this day, it is said that the spirits of the dead come back for family reunions. The families honoring their dead set up altars in their homes and hold large family dinners and/or visit their loved-one's cemetery plot and decorate it with food, flowers and candles.
December 12 Mexico	Día de la Virgen de Guadalupe	The Lady of Guadalupe, which the Catholic Church named patron saint of North America, is a symbol of the marriage of European and Indian blood and beliefs. Through the years, she has also stood for cultural affirmation, political unity and freedom from oppression.
December 16-24 Mexico, Cuba, Latin America	Las Posadas	The celebration commemorates Mary and Joseph's search for a place to stay in Bethlehem. During this time, family and friends visit one another and enjoy traditional foods and singing.
December 24 & 25 Mexico, Cuba, Latin America, Spain	La Nochebuena y La Navidad	Among the holiday traditions are attending midnight mass, preparing extravagant meals, decorating the home along with lighting luminaries.

Lección 8

- Holiday Presentation
- Review

Presentation

Instrucciones: You will be giving a short (1-2 minute) ad lib presentation on the Latino holiday of your choice. Use the following to help you organize your thoughts.

El Día Festivo: _____

Fecha: _____

¿Dónde se celebra?

¿Por qué se celebra este día festivo?

¿Cómo se celebra?

¿Quién lo celebra?

¿Qué comida hay en la fiesta?

Otro:

55

Días festivos

Instructions: Listen to you classmates and write down the information you hear in the table below.

El nombre del Día Festivo				
Fecha del Día Festivo				
¿Dónde se celebra?				
¿Por qúe se celebra?				
¿Cómo se celebra?				
¿Quién se celebra?				
Otro				

Días festivos

Instructions: Listen to you classmates and write down the information you hear in the table below.

El nombre del Día Festivo				
Fecha del Día Festivo				
¿Dónde se celebra?				
¿Por qúe se celebra?				
¿Cómo se celebra?				
¿Quién se celebra?				
Otro				

Appendix

- Useful Expressions & Phrases
- Excerpt from Level 4 (Vocabulary relating to Studies, Degrees, and Professions)
- Grammar Summary
- Vocabulary by *Lección*
- TPR Stories by *Lección*
- Glossary (English - Spanish) / (español - inglés)

Expresiones y frases útiles

Expresiones

Por supuesto	*Of course*	¿Está seguro/a?	*Are you (he/she) sure?*
Quizás	*Maybe*	¿Así?	*Like this?*
Me alegro	*I'm so glad*	Lo que quiera	*Whatever you want*
Es verdad	*That's the truth*	Tanto mejor	*All the better*
Más o menos	*More or less*	Con razón	*No wonder*
¿Está bien?	*Is that OK?*	Caramba	*Wow*
Creo que sí	*I think so*	Dios mío	*For heaven's sake*
Cómo no	*Why not*	Mentiras	*Lies*
Es posible	*Its's possible*	Basta	*Enough*
Claro	*Sure*	Vaya	*Go on*
De acuerdo	*I agree*	Qué barbaridad	*How awful*
Sin duda	*No doubt*	Qué bueno	*How great*
Depende	*That depends*	Que disfrute	*Have a good time*
¿Quién sabe?	*Who knows?*	Qué extraño	*How strange*
¿Listo?	*Are you ready?*	Qué lástima	*What a shame*
Al contrario	*On the contrary*	Que le vaya bien	*Take care*
Buena idea	*Good idea*	Qué suerte	*What luck*
Yo también	*Me, too*	Qué importa	*So what*
Yo tampoco	*Me, neither*	Qué triste	*How sad*
Ojalá	*I hope so*	Qué va	*Go on*
Ya veo	*I see*		

Más Frases...

Por eso...	*Therefore...*	A propósito...	*By the way...*
O sea...	*In other words...*	Al principio...	*At first...*
Además...	*Besides...*	Por lo menos...	*At least...*
Por fin...	*At least...*	Según...	*According to...*
Por ejemplo...	*For example...*	En general...	*In general...*
Sobre todo...	*Above all...*	Paso a paso...	*Step by step...*
Sin embargo...	*However...*	Poco a poco...	*Little by little...*
Pues...	*Well...*		

Excerpt from ¡A Conversar! 4

New Employee Interview

Instrucciones: You are looking for a new employee. List the characteristics that you are seeking below. Now circulate the room and do mini-interviews with the other students. Remember to do basic introductions (greetings, names, etc.)

Título de trabajo:

Características que se buscan (amable, inteligente, etc.):

5 preguntas para entrevistar:

1.

2.

3.

4.

5.

Nombre de persona	No	Posible	Sí

¿Quién es su empleado nuevo? ¿Por qué?

Studies

contabilidad	*accounting*	derecho	*law*
publicidad	*advertising*	artes liberales	*liberal arts*
antropología	*anthropology*	linguística	*linguistics*
arte	*art*	literatura	*literature*
astronomía	*astronomy*	matemáticas	*mathematics*
biología	*biology*	medicina	*medicine*
botánica	*botany*	música	*music*
estudios de negocio	*business studies*	ciencias naturales	*natural sciences*
química	*chemistry*	pintura	*painting*
informática	*computer science*	filosofía	*philosophy*
economía	*economics*	física	*physics*
bellas artes	*fine arts*	ciencias políticas	*political science*
idiomas extranjeros	*foreign language*	psicología	*physicology*
geografía	*geography*	sociología	*sociology*
historía	*history*	zoología	*zoology*
humanidades	*humanities*		
periodisimo	*journalism*		

Más vocabulario

Obtener un título en _____	*To complete a degree in _____*
Ganar dinero	*Earn money*
Estudiar	*To study*
Hacer un curso	*To take a course*

Professions

contador/contable	*accountant*
actor/actriz	*actor/actress*
arquitecto	*architect*
colega	*colleague*
dentista	*dentist*
doctor/médico	*doctor*
ingeniero	*engineer*
bombero	*fireman*
periodista	*journalist*
abogado	*lawyer*
mecánico	*mechanic*
músico	*musician*
enfermero	*nurse*
pintor	*painter*
oficial de policía	*police officer*
profesor	*professor*
vendedor	*salesman*
secretario	*secretary*
cantante	*singer*
asistente social	*social worker*
maestro	*teacher*
técnico	*technician*
camarero	*waiter*
escritor	*writer*

Actividad: Pretend you are starting your dream job tomorrow. What skills will you need? What will the pay be? What will the hours be? *(Practice the "future tense" here.)*

Work & Stress

Which jobs are most stressful? Look at the following 10 occupations. In small groups, talk about the 3 most stressful jobs and 2 least stressful jobs on the list. List any others and discuss.

Trabajo	Número
vendedor	
abogado	
médico	
secretaria	
madre	
maestro	
policía	
bombero	
camarera	
estudiante	

Jokes - Chistes

Abogado

¿Qué diferencia hay entre un ladrón y un abogado?
Que el ladrón te roba y el abogado te roba y encima le tienes que dar las gracias.

Inginieros

- ¿Cuántos analistas de sistemas se necesitan para cambiar una bombilla de luz?
- Ninguno, por ser éste un problema de hardware.

Doctores

El doctor le dice al paciente:
-Señor, le tengo una noticia mala y otra buena.
-Dígame primero la buena doctor:
-La buena es que le quedan 24 horas de vida.
-¿Y la mala?
-Es que ayer me olvidé de decírselo.

Profesores

Una madre va a ver al profesor de su hijo y el profesor le dice:
-Tu hijo ha copiado en un examen.

Y la madre le dice angustiada:
-¿Cómo sabes tú eso?

-Mire: un niño que estaba al lado puso en dos preguntas, en una animal y en otra frase y su hijo puso lo mismo. Pero es que en la última el compañero de su hijo puso "yo no lo sé" y su hijo puso "yo tampoco".

Grammar Forms

ESTAR – temporary condition, location

yo	estoy	nosotros/as	estamos
tú	estás	vosotros/as*	estáis*
él ella usted (Ud.)	está	ellos ellas ustedes (Uds.)	están

SER – used almost everywhere besides "temporary conditions" or "location"

yo	soy	nosotros/as	somos
tú	eres	vosotros/as*	sois*
él ella usted (Ud.)	es	ellos ellas ustedes (Uds.)	son

PRESENT TENSE

For present tense, you simply drop the last 2 letters of the verb and change it according to what the letters were. For example, if you wanted to say "I dance", change the verb "bailar" to "bailo."

	- AR	- ER	- IR		- AR	- ER	-IR
yo	-o	-o	-o	**nosotros**	-amos	-emos	-imos
tu	-as	-es	-es	**vosotros**	-áis	-éis	-ís
el, ella, Ud.	-a	-e	-e	**ellos, ellas, Uds.**	-an	-en	-en

Present Tense Stem-Changing Verbs

(e→ie)

yo	**pienso**	nosotros/as	pensamos
tú	**piensas**	vosotros/as	pensáis
él ella usted (Ud.)	**piensa**	ellos ellas ustedes (Uds.)	**piesan**

Similar Verbs

pensar - to think
cerrar - to close
despertar - to wake up
divertirse - to have fun
empezar - to begin
encender - to turn on
hervir - to boil
mentir - to lie
perder - to lose
preferir - to prefer
querer - to want
recomendar - to recommend
sentir - to feel
sugerir- to suggest

(o→ue)

yo	**puedo**	nosotros/as	podemos
tú	**puedes**	vosotros/as	podéis
él ella usted (Ud.)	**puede**	ellos ellas ustedes (Uds.)	**pueden**

Similar Verbs

poder - to be able
acostar - to go to bed
colgar - to hang up
devolver - to give back
dormir - to sleep
encontrar - to find
mostrar - to show
probar - to try
recordar - to remember

(e→i)

yo	**pido**	nosotros/as	pedimos
tú	**pides**	vosotros/as	pedís
él ella usted (Ud.)	**pide**	ellos ellas ustedes (Uds.)	**piden**

Similar Verbs

pedir - to ask
consequir - to obtain
despedir - to say good-bye
seguir - to follow
servir - to serve
vestir - to dress

67

Present Progressive

This tense uses gerunds, or the "-ing" in English. You use this tense when something is happening right now—in the present moment.

Drop the last 2 letters and add:

AR verbs
- ando

ER/IR verbs
-iendo

Use the verb "estar" before the verb.

For example:
Estoy bailando.
(I am dancing.)

Está comiendo.
(He is eating.)

Estás escribiendo.
(You are writing.)

"Easy" Past Tense

To express past tense in Spanish "easily," use the "present perfect" tense. In English, this is the "to have done something" tense.

For example:
I have eaten. I have slept. I have worked.

In Spanish, use:

1) the "have" verb

He	I have	Hemos	We have
Has	You have (informal)	Hais	You (all) have *(Spain only)*
Ha	He/She has You have (formal)	Han	They have You (all) have

2) the verb you are trying to express in the past tense. (You need to change the ending a bit, depending on if it ends in –ar, -er, or –ir.)

AR Verbs	ER Verbs	IR Verbs
bailar → bailado	comer → comido	vivir → vivido
hablar → hablado	leer → leído	ir→ ido
mirar → mirado	beber → bebido	decidir → decidido

EXAMPLES:
I have eaten. He has slept. You have worked.
He comido. Ha dormido. Ha trabajado.

"Easy" Future Tense (Ir + a + infinitive)

This is the "easy" way to express the future. We start with the verb "ir" (to go) and conjugate it as follows:

voy	I go	vamos	We go
vas	You go (informal)	vais	You (all) go *(Spain only)*
va	He/she goes You go (formal)	van	They go You (all) go

Examples:
Voy a jugar al fútbol. (I am going to play football.)
¿Vas a comer? (Are you going to eat?)

Future Tense

The future tense is quite easy as it has almost the same endings for all 3 kinds of verbs. For –ar, -er, and –ir verbs, you simply add the following to the infinitive (whole verb):

	-AR/-ER/-IR			-AR/-ER/-IR
yo	- é		nosotros	-emos
tu	- ás		vosotros	-éis
el, ella, Ud.	- á		ellos, ellas, Uds.	- án

For example:

AR Verbs

¿Bailará salsa en la fiesta?
Will she dance the salsa at the party?

Creo que sí. Bailará salsa en la fiesta
I believe so. She will dance the salsa at the party.

ER Verbs

¿Comerá en la cafetería?
Will you eat in the cafeteria? (formal)

Sí, comeré en la cafetería.
Yes, I will eat in the cafeteria.

IR Verbs

¿Irás al cine?
Will you go to the theater? (informal)

No, no iré al cine.
No, I will not go to the theater.

Some Irregulars:
decir (dir-)
hacer (har-)
haber (habr-)
querer (querr-)
poder (podr-)
poner (pondr-)
saber (sabr-)
venir (vendr-)
tener (tendr-)

70

Common "Regular" Verbs

AR VERBS

aceptar	to accept	besar	to kiss
admirar	to admire	escuchar	to listen
aconsejar	to advise	mirar	to look at
autorizar	to allow	buscar	to look for
llegar	to arrive	equivocarse	to make a mistake
*estar *(yo estoy)*	to be	mezclar	to mix
tomar	to take	llamar	to call
respirar	to breathe	notar	to note
cepillar	to comb	observar	to observe
quemar	to burn	pintar	to paint
comprar	to buy	pagar	to pay
llamar	to call	organizar	to organize
calmar	to calm	preparar	to prepare
verificar	to check	presentar	to present
peinar	to comb	castigar	to punish
entrar	to come in	empujar	to push
comparar	to compare	alquilar	to rent
continuar	to continue	reservar	to reserve
llorar	to cry	descansar	to rest
cortar	to cut	enviar	to envy
detestar	to detest	separar	to seperate
divorciar	to divorce	quedar	to stay
dibujar	to draw	estudiar	to study
secar	to dry off	lograr	to earn
borrar	to erase	nadar	to swim
examinar	to examine	tomar	to take
explicar	to explain	pasear	to take a walk
llenar	to fill	hablar	to talk
acabar	to finish	echar	to throw
olvidar	to forget	delinear	to trace
engordar	to gain weight	viajar	to travel
levantarse	to lift	apagar	to turn off
dar	to give	esperar	to wait
regresar	to go back	caminar	to walk
odiar	to hate	lavar	to wash
calentar	to heat	mirar	to watch
esperar	to hope	llevar	to wear
identificar	to identify	secar	to dry
informar	to inform	preocupar	to worry
invitar	to invite	gritar	to yell

ER VERBS

responder	to answer
creer	to believe
romper	to break
traer* *(yo traigo)*	to bring
escoger	to choose
toser	to cough
desaparecer	to disappear
desobedecer	to disobey
beber	to drink
comer	to eat
caer* *(yo caigo)*	to fall
suceder	to happen
tener*	to have
conocer* *(yo conozco)*	to know
aprender	to learn
deber	to must
obedecer	to obey
ofrecer* *(yo ofrezco)*	to offer
prometer	to promise
poner* *(yo pongo)*	to put
leer	to read
reconocer* *(yo reconozco)*	to recognize
parecer	to seem
vender	to sell

IR VERBS

asistir a	to attend
describir	to discover
destruir	to destroy
ir*	to go
salir* *(yo salgo)*	to go out
subir	to go up
abrir	to open
decir* *(yo digo)*	to say
servir	to serve
compartir	to share
sugerir	to suggest
escribir	to write
vivir	to live

Lección 1

Introductions / Introducciones

Introductions	Introducciones
My name is…	Me llamo…
I am from…	Soy de…
I speak…	Hablo…
I have…	Tengo…
I like…	Me gusta…
I want…	Quiero…
I need…	Necesito…

School / Escuela

School	Escuela
chalk	tiza
paper	papel
pencil	lápiz
pen	pluma/bolígrafo
notebook	cuaderno
ruler	regla
backpack	mochila
chalkboard	pizarra
eraser	borrador
scissors	tijeras
glue	pegamento

Family / Familia

Family	Familia
grandfather	abuelo
grandmother	abuela
father	padre
mother	madre
son	hijo
daughter	hija
brother	hermano
sister	hermana
grandson	nieto
granddaughter	nieta
uncle	tío
aunt	tía
cousin	primo/a
nephew	sobrino
niece	sobrina
spouse	esposo/a
godfather	padrino
godmother	madrina
relatives	parientes
step-father	padrastro
step-mother	madrastra
step-son	hijastro
step-daughter	hijastra
step-brother	hermanstro
step-sister	hermanstra

Numbers / Los números

Numbers	Los números
zero	cero
one	uno
two	dos
three	tres
four	cuatro
five	cinco
six	seis
seven	siete
eight	ocho
nine	nueve
ten	diez
eleven	once
twelve	doce
thirteen	trece
fourteen	catorce
fifteen	quince
sixteen	diez y seis
seventeen	diez y siete
eighteen	diez y ocho
nineteen	diez y nueve
twenty	veinte
thirty	treinta
fourty	cuarenta
fifty	cincuenta
sixty	sesenta
seventy	setenta
eighty	ochenta
ninety	noventa
one hundred	cien / ciento
one thousand	mil

Lección 2

Adjectives / Adjetivos

Adjectives	Adjetivos
tall	alto/a
nice	amable
ambitious	ambicioso/a
artistic	artístico/a
athletic	atlético/a
short	bajo/a
pretty	bonito/a
good	bueno/a
quiet	callado/a
comfortable	confortable
caring	cariñoso/a
married	casado/a
jealous	celoso/a
in a good mood	de buen humor
in a bad mood	de mal humor
disorganized	desordenado/a
difficult	difícil
selfish	egoísta
elegant	elegante
energetic	energético/a
great	estudependo/a
strange	extraño/a
ugly	feo/a
faithful	fiel
happy	feliz
strong	fuerte
generous	generoso/a
gentle	gentil
fat	gordo/a
good-looking	guapo/a
funny	gracioso/a
large	grande
fantastic	fantástico/a
furious	furioso/a
pretty	hermoso/a
idealist	idealista
impatient	impaciente
intelligent	inteligente
irritable	irritable
young	joven
pretty	lindo/a
crazy	loco/a
dark-haired	moreno/a
new	nuevo/a
organized	ordenado/a
blond	rubio/a
patient	paciente
red-head	pelirrojo/a
lazy	perezoso/a
engaged	prometido/a
worried	preocupado/a
serious	serio/a
nice	simpático/a
sociable	sociable
single	soltero/a
stingy	tacaño/a
hard-working	trabajador/a
calm	tranquilo/a
sad	triste
old	viejo/a

Comparisons / Comparaciones

Roberto has MORE money THAN Jake.
Roberto tiene MÁS dinero QUE Jake.

Janine has FEWER clothes THAN Isabel.
Janine tiene MENOS ropa QUE Isabel.

Susana is as intelligent as Maria.
Susana es TAN inteligente COMO María.

I have AS MANY books AS you.
Tengo TANTOS libros COMO tú.

Paco es the most intelligent in the class
Paco es EL MÁS inteligente de la clase.

Transportation / Forma de transportación

Transportation	Forma de transportación
car	carro
car	coche
car	automóvil
train	tren
airplane	avión
taxi	taxi
truck	camión
motorcycle	motocicleta
boat	barco
bicycle	bicicleta
helicopter	helicóptero
roller skates	patines (de rueda)

Do you go by…?
¿Ir en …?

Do you go by car or train to visit your family?
¿Vas en carro o tren para visitar a tu familia?

Travel by…
Viajar en…

I like to travel by train because is is faster.
Me gusta viajar en avión porque es más rápido.

Lección 3

Buildings & Places
Edificios y lugares

Buildings & Places	Edificios y lugares
bank	banco
library	biblioteca
movie theater	cine
post office	correos
school	escuela
police station	estación de policía
factory	fábrica
pharmacy	farmacia
gas station	gasolinera
hospital	hospital
church	iglesia
museum	museo
office	oficina
restaurant	restaurante
store	tienda
airport	aeropuerto
sidewalk	acera
neighborhood	barrio
street	calle
highway	carreterra
downtown	centro
community	comunidad
block	cuadra
corner	esquina
parking lot	estacionamiento
subway	metro
busstop	parada de autobuses
park	parque
town	pueblo
bridge	puente

Directions
Las direcciones

Directions	Las direcciones
to the right	a la derecha
to the left	a la izquierda
straight ahead	derecho
under	debajo de
on top of	encima de
next to	al lado de

in front of	delante de
behind	detrás de
close to	cerca de
far from	lejos de
here	aquí
there	allí
Continue…	Sigue _____.
Turn…	Dobla _____.
Walk 3 blocks.	Camina tres cuadras.
It is…	Está _____.
very close	muy cerca
over there	allá
in front of	enfrente de _____.
behind	detrás de _____.
2 blocks from	a dos cuadras de _____.

Feelings
Sentimientos

Feelings	Sentimientos
happy	contento o felíz
frightened	asustado
angry	enojado / enfadado
sad	triste
surprised	sorprendido
confused	confudido
proud	orgulloso
bored	aburrido
frustrated	frustrado
nervous	nervioso
depressed	deprimido
tired	cansado
jealous	celoso
excited	emocionado

Lección 4

Clothing

shoes
pants
dress
skirt
shorts
blouse
jacket
slippers
swimsuit
shirt
sweatshirt
socks
sweater
T-shirt
belt
hat
baseball hat
ski cap
umbrella
glasses
purse
tie
shirt
gloves
bracelet
earrings
necklace
wallet

Ropa

zapatos
pantalones
vestido
falda
pantalones cortos
blusa
chaqueta
zapatillas
traje de baño
camisa
sudadera
calcetines
suéter
camiseta
cinturón
sombrero
gorra (de béisbol)
gorro (de esquí)
paraguas
gafas/lentes
bolsa
corbata
camisa
guantes
pulsera
aretes
collar
cartera

Tener Expressiones

to have to
to be hot
to be scared
to be hungry
to be right
to be ___ years old
to be lucky
to be cold
to be sleepy
to be thirsty
to be wrong

Expresiones de Tener

tener que…
tener calor
tener miedo
tener hambre
tener razón
tener _____ años
tener suerte
tener frío
tener sueño
tener sed
no tener razón

75

Lección 5

Expressing Opinions	Expresar opiniones
You can...	Puedes ...
You could...	Podrías ...
You must...	Debes ...
You should...	Deberías ...
I believe that...	Creo que ...
I think that...	Pienso que ...
In my opinion...	En mi opinión

Time Expressions	Expresiones de tiempo
never	nunca
almost never	casi nunca
once	una vez
at times	a veces
every now and then	de vez en cuando
many times	muchas veces
everyday	todos los días
each day	cada día
always	siempre

**Since this is a light Lección for vocabulary,
start preparing for Lección 6!**

Lección 6

Hobbies & Sports Verbs	**Verbos de pasatiempos y deportes**
to skate	patinar
to scuba-dive	bucear
to ride a bike	montar en bicicleta
to go camping	ir a acampar
to run	correr
to sail	pasear en barco de vela
to sail	navegar
to swim	nadar
to ski	esquiar
to walk	caminar
to go for a walk	pasear
to water ski	hacer esquí acuático
to wind surf	hacer surf a vela
to read the newspaper	leer el diario
to act in the play	actuar en una obra
to go to a concert	ir al concierto
to spend a quiet afternoon	pasar una tarde tranquila
to listen to music	escuchar música
to go to the beach	ir a la playa
to go on vacation	ir de vacaciones
to watch videos	mirar videos
to play (an instrument)	tocar (un instrumento)
basketball	baloncesto/basquetbol
camping	acampar
cards	naipes/cartas
checkers	juego de damas
chess	ajedrez
concert	concierto
game	juego
golf	golf
guitar	guitarra
climbing	alpinismo
movie	película
movie theater	cine
movie star	estrella de cine
museum	museo
music	música
party	fiesta
race	carrera
rest	descanso
sport	deporte
tennis	tenis
theater	teatro
swimming pool	piscina
bowling	boliche
soccer	fútbol
football	fútbol americano

boxing	boxeo
photography	fotografía
poker	póker
puzzles	rompecabezas
volleyball	vólibol
mountain bike	bicicleta de montaña
piano	piano
athlete	atleta
field	campo
court	cancha
coach	entrenador
team	equipo
stadium	estadio
net	red
uniform	uniforme
weights	pesas
basket	canasta
game	partido
ball	pelota/bola
practice	práctica
raquet	raqueta
bat	bate
exercise	ejercicio
gymnasium	gimnasio

More Time Expressions	**Más expresiones de tiempo**
now	ahora
right now	ahorita
last night	anoche
the day before yesterday	anteayer
before	antes
just	apenas
yesterday	ayer
after	después
then	entonces
tonight	esta noche
two years ago	hace dos años
today	hoy
tomorrow morning	mañana por la mañana
later	luego
tomorrow	mañana
soon	pronto
next month	el próximo mes
late	tarde
early	temprano
still	todavía
one moment	un momento
already	ya

Lección 7

Food	Comida
strawberry	fresa
grape	uva
banana	plátano
lemon/lime	limón
apple	manzana
tomato	tomate
orange	naranja
carrot	zanahoria
bread	pan
sausage	chorizo
eggs	huevos
potato	papa
cheese	queso
steak	bistec
chicken	pollo

Stories from class (TPRS)

Lección 1

Hay una mujer. Se llama Lisa. Lisa tiene una familia grande. El padre de Lisa trabaja como dentista. Le gustan mucho los dientes.

La madre de lisa es una supervisora en una fábrica. Es una fábrica de papel.

El hermano menor de Lisa, _____, es un estudiante de la Universidad de _____. Estudia _____.

La hermana mayor de Lisa es ama de casa. Tiene 3 hijos. Se llaman _____, _____, y _____.
Todos viven en el estado de _____ en la ciudad de _____.

Lección 2

Hay un chico que se llama Francisco. Francisco tiene un trabajo nuevo. Sin embargo, hay un problema. No tiene transporte.

Quiere comprar un carro o camión, pero no tiene mucho dinero. Le gustaría usar el tren, pero no hay en su pueblo. No necesita volar ni en avión ni en helicóptero porque su trabajo no está muy lejos. No puede usar un barco porque no hay ningún lago ni río en su área.

Ay, ay, ay. ¿Qué debería hacer?

Francisco puede _____ . Esta es una buena idea porque….

También, puede _____.

Pero la mejor idea es _____.

Entonces, Francisco decide que para llegar a su trabajo, él _____.

Lección 3

A mi familia le gusta mucho nuestra comunidad. A mí, me gusta ir al cine para ver películas. A mi mamá, le gusta ir a la iglesia para la misa. A mi papá, le gusta estudiar en la biblioteca. ¿Y a mi hermano Pablo? Pues, a él, le gusta mucho la estación de la policía.

Hay muchas maneras para viajar en mi ciudad. Puedo caminar por la acera, subir al metro, o subir a un autobus. No se olvide que puedo conducir/manejar mi coche/carro.

Hay muchas cosas para hacer también. Puedo visitar el museo de arte, comer en muchos restaurantes, o ir de compras a las tiendas.

A mí, me encanta mi pueblo.

79

Lección 4

Me llamo Antonio. Me gusta comer en restaurantes. Siempre como bistec y papas fritas. También, me gusta comer _____.

Hoy, voy a comer en La Hacienda. Este restaurante tiene mucha variedad. Mientras espero por mi comida, leo el periódico. Escribo cartas a mis amigos. Estudio para un exámen. Llamo a mi mamá por teléfono. Hay muchas cosas que hacer.

Cuando la comida llega, como. Está muy rica.

Lección 5

Sara tiene una amiga. Se llama _____. La amiga de Sara es muy ordenada. Su cuarto siempre está muy limpio. Llega a tiempo a su clase cada día. Y sus papeles siempre están muy ordenados.

Sara no es así. Sara es muy desordenada. Casi nunca llega a clase a tiempo. Muchas veces, se olvida de su tarea. De vez en cuando, tiene que llamar a su mamá para pedirle dinero para comer. A veces, limpia su cuarto, pero dentro de poco, está sucio de nuevo.

Sara y su amiga son muy diferentes. Nunca pueden vivir juntas. Pero, no le importa. Son amigas y eso es lo importante.

Lección 6

Hay un hombre. Se llama Paco. Paco es muy atlético. Le gusta mucho hacer deporte, tales como beisbol, fútbol, tenis, _____, y _____.

La mujer de Paco se llama Alicia. Alicia es muy aventurera. Le gusta ir a acampar, montar en motocicleta, esquiar, y hacer alpinismo.

Paco y Alicia tienen un hijo. Se llama _____. Tiene 12 años. A su hijo no le gusta estar afuera. Prefiere escuchar música, ir al cine, y tocar la guitarra.

La familia quiere ir de vacaciones el próximo mes. Sin embargo, hay un problema. No se ponen de acuerdo en los planes.

El dinero no es un problema. ¿Qué les recomiendas?

Lección 7

Hay un fiesta esta noche en la casa de mi hermano. Habrá mucha gente. Mi prima Raquel irá con su novio. Mis sobrinos Miguel y Ernesto irán también.

Somos una familia que nos gusta comer. Por eso, habrá mucha comida. En la fiesta, tendrán tamales, enchiladas, carne asada, y arroz con leche. Pero mi favorita es la horchata. Aunque la horchata es deliciosa, la bebida favorita será la sangría. A todos les encanta la sangría de mi hermano.

La fiesta de esta noche será muy divertida. ¿Vendrás?

Glossary: English - Spanish

English	Spanish	English	Spanish
after	después	car	coche
airplane	avión	car	automóvil
airport	aeropuerto	cards	naipes/cartas
almost never	casi nunca	caring	cariñoso/a
already	ya	carrot	zanahoria
always	siempre	chalk	tiza
ambitious	ambicioso/a	chalkboard	pizarra
angry	enojado / enfadado	checkers	juego de damas
apple	manzana	cheese	queso
artistic	artístico/a	chess	ajedrez
at times	a veces	chicken	pollo
athlete	atleta	church	iglesia
athletic	atlético/a	climbing	alpinismo
aunt	tía	close to	cerca de
backpack	mochila	clothing	ropa
ball	pelota/bola	coach	entrenador
banana	plátano	comfortable	confortable
bank	banco	community	comunidad
baseball hat	gorra (de béisbol)	concert	concierto
basket	canasta	confused	confudido
basketball	baloncesto/basquetbol	continue…	sigue…
bat	bate	corner	esquina
before	antes	court	cancha
behind	detrás	cousin	primo/a
behind	detrás de	crazy	loco/a
belt	cinturón	dark-haired	moreno/a
bicycle	bicicleta	daughter	hija
block	cuadra	day before yesterday	anteayer
blond	rubio/a	depressed	deprimido
blouse	blusa	difficult	difícil
boat	barco	disorganized	desordenado/a
bored	aburrido	downtown	centro
bowling	boliche	dress	vestido
boxing	boxeo	each day	cada día
bracelet	pulsera	early	temprano
bread	pan	earrings	aretes
bridge	puente	eggs	huevos
brother	hermano	eighty	ochenta
buildings	edificios	elegant	elegante
busstop	parada de autobuses	energetic	energético/a
calm	tranquilo/a	engaged	prometido/a
camping	acampar	eraser	borrador
car	carro	every now and then	de vez en cuando

everyday	todos los días	hat	sombrero
excited	emocionado	he	él
exercise	ejercicio	helicopter	helicóptero
factory	fábrica	here	aquí
faithful	fiel	highway	carreterra
family	familia	hospital	hospital
fantastic	fantástico	How much?	¿Cuánto?
far from	lejos de	How?	¿Cómo?
fat	gordo/a	I	yo
father	padre	I am from…	Soy de…
feelings	sentimientos	I believe that…	Creo que …
field	campo	I have…	Tengo…
fifty	cincuenta	I like…	Me gusta…
food	comida	I need…	Necesito…
football	fútbol americano	I speak…	Hablo…
frightened	asustado/a	I think that…	Pienso que …
frustrated	frustrado	I want…	Quiero…
funny	gracioso/a	idealist	idealista
furious	furioso/a	impatient	impaciente
game	juego	in a bad mood	de mal humor
game	partido	in a good mood	de buen humor
gas station	gasolinera	in front of	delante de
generous	generoso/a	in front of	enfrente de
gentle	gentil	In my opinion…	En mi opinión
glasses	gafas/lentes	intelligent	inteligente
gloves	guantes	irritable	irritable
glue	pegamento	jacket	chaqueta
godfather	padrino	jealous	celoso
godmother	madrina	just	apenas
golf	golf	large	grande
good	bueno/a	last night	anoche
good-looking	guapo/a	late	tarde
granddaughter	nieta	later	luego
grandfather	abuelo	lazy	perezoso/a
grandmother	abuela	lemon/lime	limón
grandson	nieto	library	biblioteca
grape	uva	many times	muchas veces
great	estudependo/a	married	casado/a
guitar	guitarra	mother	madre
gymnasium	gimnasio	motorcycle	motocicleta
happy	feliz	mountain bike	bicicleta de montaña
happy	contento o feliz	movie	película
hard-working	trabajador/a	movie star	estrella de cine

movie theater	cine	post office	correos
museum	museo	potato	papa
music	música	practice	práctica
My name is…	Me llamo…	pretty	bonito/a
necklace	collar	pretty	hermoso/a
neighborhood	barrio	pretty	lindo/a
nephew	sobrino	proud	orgulloso/a
nervous	nervioso	purse	bolsa
net	red	puzzles	rompecabezas
never	nunca	quiet	callado/a
new	nuevo/a	race	carrera
next month	el próximo mes	raquet	raqueta
next to	al lado de	red-head	pelirrojo/a
nice	amable	relatives	parientes
nice	simpático/a	rest	descanso
niece	sobrina	restaurant	restaurante
ninety	noventa	right now	ahorita
notebook	cuaderno	roller skates	patines (de rueda)
now	ahora	ruler	regla
office	oficina	sad	triste
old	viejo/a	sausage	chorizo/salchicha
on top of	encima de	school	escuela
once	una vez	school	escuela
one hundred	cien / ciento	scissors	tijeras
one moment	un momento	selfish	egoísta
one thousand	mil	serious	serio/a
orange	naranja	seventy	setenta
organized	ordenado/a	she	ella
over there	allá	shirt	camisa
pants	pantalones	shoes	zapatos
paper	papel	short	bajo/a
park	parque	shorts	pantalones cortos
parking lot	estacionamiento	sidewalk	acera
party	fiesta	single	soltero/a
patient	paciente	sister	hermana
pen	pluma/bolígrafo	sixty	sesenta
pencil	lápiz	ski cap	gorra (de esquí)
pharmacy	farmacia	skirt	falda
photography	fotografía	slippers	zapatillas
piano	piano	soccer	fútbol
places	lugares	sociable	sociable
poker	poker	socks	calcetines
police station	estación de policía	son	hijo

83

soon	pronto	to attend	asistir a
sport	deporte	to be	estar
spouse	esposo/a	to be ___ years old	tener _____ años
stadium	estadio	to be cold	tener frío
steak	bistec	to be hot	tener calor
step-brother	hermanstro	to be hungry	tener hambre
step-daughter	hijastra	to be lucky	tener suerte
step-father	padrastro	to be right	tener razón
step-mother	madrastra	to be scared	tener miedo
step-sister	hermanstra	to be sleepy	tener sueño
step-son	hijastro	to be thirsty	tener sed
still	todavía	to be wrong	no tener razón
stingy	tacaño/a	to believe	creer
store	tienda	to break	romper
straight ahead	derecho	to breathe	respirar
strange	extraño/a	to bring	traer
strawberry	fresa	to burn	quemar
street	calle	to buy	comprar
strong	fuerte	to call	llamar
subway	metro	to calm	calmar
surprised	sorprendido/a	to check	verificar
sweater	suéter	to choose	escoger
sweatshirt	sudadera	to comb	peinar
swimming pool	piscina	to come in	entrar
swimsuit	traje de baño	to compare	comparar
tall	alto/a	to continue	continuar
taxi	taxi	to cough	toser
team	equipo	to cry	llorar
tennis	tenis	to cut	cortar
theater	teatro	to describe	describir
then	entonces	to destroy	destruir
there	allí	to detest	detestar
they	ellos	to disappear	desaparecer
they (all females)	ellas	to disobey	desobedecer
tie	corbata	to divorce	divorciar
tired	cansado	to draw	dibujar
to accept	aceptar	to drink	beber
to act in the play	actuar en una obra	to dry off	secar
to admire	admirar	to eat	comer
to advise	aconsejar	to erase	borrar
to allow	autorizar	to examine	examinar
to answer	responder	to explain	explicar
to arrive	llegar	to fall	caer

to fill	llenar	to present	presentar
to finish	acabar	to promise	prometer
to forget	olvidar	to punish	castigar
to gain weight	engordar	to push	empujar
to give	dar	to put	poner
to go	ir	to read	leer
to go back	regresar	to read the newspaper	leer el diario
to go camping	ir a acampar	to recognize	reconocer
to go for a walk	pasear	to rent	alquilar
to go on vacation	ir de vacaciones	to reserve	reservar
to go out	salir	to rest	descansar
to go to a concert	ir al concierto	to ride a bike	montar en bicicleta
to go to the beach	ir a la playa	to run	correr
to go up	subir	to sail	pasear en barco de vela
to happen	suceder	to sail	navegar
to hate	odiar	to say	decir
to have	tener	to scuba-dive	bucear
to have to	tener que…	to seem	parecer
to heat	calentar	to sell	vender
to hope	esperar	to separate	separar
to identify	identificar	to serve	servir
to inform	informar	to share	compartir
to invite	invitar	to skate	patinar
to kiss	besar	to ski	esquiar
to know	conocer	to spend a quiet afternoon	pasar una tarde tranquila
to learn	aprender	to stay	quedar
to listen	escuchar	to study	estudiar
to listen to music	escuchar música	to suggest	sugerir
to live	vivir	to swim	nadar
to look at	mirar	to swim	nadar
to look for	buscar	to take	tomar
to mix	mezclar	to take a walk	pasear
to must	deber	to talk	hablar
to note	notar	to the left	a la izquierda
to obey	obedecer	to the right	a la derecha
to observe	observar	to throw	echar
to offer	ofrecer	to trace	delinear
to open	abrir	to travel	viajar
to organize	organizar	to turn off	apagar
to paint	pintar	to wait	esperar
to pay	pagar	to walk	caminar
to play (an instrument)	tocar (un instrumento)	to wash	lavar
to prepare	preparar	to watch	mirar

to watch videos	mirar videos
to water ski	hacer esquí acuático
to wear	llevar
to wind surf	hacer surf a vela
to worry	preocupar
to write	escribir
to yell	gritar
today	hoy
tomato	tomate
tomorrow	mañana
tomorrow morning	mañana por la mañana
tonight	esta noche
town	pueblo
train	tren
truck	camión
T-shirt	camiseta
turn…	dobla …
two years ago	hace dos años
ugly	feo/a
umbrella	paraguas
uncle	tío
under	debajo de
uniform	uniforme
very close	muy cerca
volleyball	vólibol
wallet	cartera
we	nosotros/as
weights	pesas
What?	¿Qué?
When?	¿Cuándo?
Which?	¿Cuál?
Who?	¿Quién?
worried	preocupado/a
yesterday	ayer
you (formal)	usted (Ud.)
you (informal)	tú
you all	ustedes (Uds.)
you all (informal)	vosotros/as
You can...	Puedes …
You could...	Podrías …
You must...	Debes …
You should...	Deberías …
young	joven

Glosario: español - inglés

a la derecha	to the right
a la izquierda	to the left
a veces	at times
abrir	to open
abuela	grandmother
abuelo	grandfather
aburrido	bored
acabar	to finish
acampar	camping
aceptar	to accept
acera	sidewalk
aconsejar	to advise
actuar en una obra	to act in the play
admirar	to admire
aeropuerto	airport
ahora	now
ahorita	right now
ajedrez	chess
al lado de	next to
allá	over there
allí	there
alpinismo	climbing
alquilar	to rent
alto/a	tall
amable	nice
ambicioso/a	ambitious
anoche	last night
anteayer	day before yesterday
antes	before
apagar	to turn off
apenas	just
aprender	to learn
aquí	here
aretes	earrings
artístico/a	artistic
asistir a	to attend
asustado/a	frightened
atleta	athlete
atlético/a	athletic
automóvil	car
autorizar	to allow
avión	airplane
ayer	yesterday
bajo/a	short

baloncesto/ basquetbol	basketball
banco	bank
barco	boat
barrio	neighborhood
bate	bat
beber	to drink
besar	to kiss
biblioteca	library
bicicleta	bicycle
bicicleta de montaña	mountain bike
bistec	steak
blusa	blouse
boliche	bowling
bolso/a	purse
bonito/a	pretty
borrador	eraser
borrar	to erase
boxeo	boxing
bucear	to scuba-dive
bueno/a	good
buscar	to look for
cada día	each day
caer	to fall
calcetines	socks
calentar	to heat
callado/a	quiet
calle	street
calmar	to calm
caminar	to walk
camión	truck
camisa	shirt
camiseta	T-shirt
campo	field
canasta	basket
cancha	court
cansado/a	tired
cariñoso/a	caring
carrera	race
carreterra	highway
carro	car
cartera	wallet
casado/a	married
casi nunca	almost never
castigar	to punish

celoso	jealous	delante	in front of
celoso/a	jealous	delinear	to trace
centro	downtown	deporte	sport
cepillar	to comb	deprimido	depressed
cerca de	close to	derecho	straight ahead
chaqueta	jacket	desaparecer	to disappear
chorizo	sausage	descansar	to rest
cien / ciento	one hundred	descanso	rest
cincuenta	fifty	describir	to describe
cine	movie theater	desobedecer	to disobey
cinturón	belt	desordenado/a	disorganized
coche	car	después	after
collar	necklace	destruir	to destroy
comer	to eat	detestar	to detest
comida	food	detrás	behind
¿Cómo?	How?	detrás de	behind
comparar	to compare	dibujar	to draw
compartir	to share	difícil	difficult
comprar	to buy	divorciar	to divorce
comunidad	community	dobla ...	turn…
concierto	concert	echar	to throw
confortable	comfortable	edificios	buildings
confudido	confused	egoísta	selfish
conocer	to know	ejercicio	exercise
contento o felíz	happy	él	he
continuar	to continue	el próximo mes	next month
corbata	tie	elegante	elegant
correos	post office	ella	she
correr	to run	ellas	they (all females)
cortar	to cut	ellos	they
creer	to believe	emocionado/a	excited
Creo que ...	I believe that...	empujar	to push
cuaderno	notebook	En mi opinión	In my opinion...
cuadra	block	encima de	on top of
¿Cuál?	Which?	energético/a	energetic
¿Cuándo?	When?	enfrente de	in front of
¿Cuánto?	How much?	engordar	to gain weight
dar	to give	enojado / enfadado	angry
de buen humor	in a good mood	entonces	then
de mal humor	in a bad mood	entrar	to come in
de vez en cuando	every now and then	entrenador	coach
debajo de	under	equipo	team
deber	to must	escoger	to choose
Deberías ...	You should...	escribir	to write
Debes ...	You must...	escuchar	to listen
decir	to say	escuchar música	to listen to music

escuela	school	guantes	gloves
escuela	school	guapo/a	good-looking
esperar	to hope	guitarra	guitar
esperar	to wait	hablar	to talk
esposo/a	spouse	Hablo…	I speak…
esquiar	to ski	hace dos años	two years ago
esquina	corner	hacer esquí acuático	to water ski
esta noche	tonight	hacer surf a vela	to wind surf
estación de policía	police station	helicóptero	helicopter
estacionamiento	parking lot	hermana	sister
estadio	stadium	hermano	brother
estar	to be	hermanstra	step-sister
estrella de cine	movie star	hermanstro	step-brother
estudependo/a	great	hermoso/a	pretty
estudiar	to study	hija	daughter
examinar	to examine	hijastra	step-daughter
explicar	to explain	hijastro	step-son
extraño/a	strange	hijo	son
fábrica	factory	hospital	hospital
falda	skirt	hoy	today
familia	family	huevos	eggs
fantástico	fantastic	idealista	idealist
farmacia	pharmacy	identificar	to identify
feliz	happy	iglesia	church
feo/a	ugly	impaciente	impatient
fiel	faithful	informar	to inform
fiesta	party	inteligente	intelligent
fotografía	photography	invitar	to invite
fresa	strawberry	ir	to go
frustrado /a	frustrated	ir a acampar	to go camping
fuerte	strong	ir a la playa	to go to the beach
furioso/a	furious	ir a un concierto	to go to a concert
fútbol	soccer	ir de vacaciones	to go on vacation
fútbol americano	football	irritable	irritable
gafas/lentes	glasses	joven	young
gasolinera	gas station	juego	game
generoso/a	generous	juego de damas	checkers
gentil	gentle	lápiz	pencil
gimnasio	gymnasium	lavar	to wash
golf	golf	leer	to read
gordo/a	fat	leer el diario	to read the newspaper
gorro (de esquí)	ski cap	lejos de	far from
gorra (de béisbol)	baseball hat	limón	lemon/lime
gracioso/a	funny	lindo/a	pretty
grande	large	llamar	to call
gritar	to yell	llegar	to arrive

89

llenar	to fill	odiar	to hate
llevar	to wear	oficina	office
llorar	to cry	ofrecer	to offer
loco/a	crazy	olvidar	to forget
luego	later	ordenado/a	organized
lugares	places	organizar	to organize
madrastra	step-mother	orgulloso	proud
madre	mother	paciente	patient
madrina	godmother	padrastro	step-father
mañana	tomorrow	padre	father
mañana por la mañana	tomorrow morning	padrino	godfather
		pagar	to pay
manzana	apple	pan	bread
Me gusta…	I like…	pantalones	pants
Me llamo…	My name is…	pantalones cortos	shorts
metro	subway	papa	potato
mezclar	to mix	papel	paper
mil	one thousand	parada de autobuses	busstop
mirar	to watch	paraguas	umbrella
mirar videos	to watch videos	parecer	to seem
mochila	backpack	parientes	relatives
montar en bicicleta	to ride a bike	parque	park
moreno/a	dark-haired	partido	game
motocicleta	motorcycle	pasar una tarde tranquila	to spend a quiet afternoon
muchas veces	many times	pasear	to go for a walk
museo	museum	pasear	to take a walk
música	music	pasear en barco de vela	to sail
muy cerca	very close		
nadar	to swim	patinar	to skate
naipes/cartas	cards	patines (de rueda)	roller skates
naranja	orange	pegamento	glue
navegar	to sail	peinar	to comb
necesito…	I need…	película	movie
nervioso	nervous	pelirrojo/a	red-head
nieta	granddaughter	pelota/bola	ball
nieto	grandson	perezoso/a	lazy
no tener razón	to be wrong	pesas	weights
nosotros/as	we	piano	piano
notar	to note	Pienso que …	I think that…
noventa	ninety	pintar	to paint
nuevo/a	new	piscina	swimming pool
nunca	never	pizarra	chalkboard
obedecer	to obey	plátano	banana
observar	to observe	pluma/bolígrafo	pen
ochenta	eighty	podrías …	You could…

90

póker	poker	simpático/a	nice
pollo	chicken	sobrina	niece
poner	to put	sobrino	nephew
práctica	practice	sociable	sociable
preocupado/a	worried	soltero/a	single
preocupar	to worry	sombrero	hat
preparar	to prepare	sorprendido/a	surprised
presentar	to present	soy de…	I am from…
primo/a	cousin	subir	to go up
prometer	to promise	suceder	to happen
prometido/a	engaged	sudadera	sweatshirt
pronto	soon	suéter	sweater
pueblo	town	sugerir	to suggest
uedes …	You can…	tacaño/a	stingy
puente	bridge	tarde	late
pulsera	bracelet	taxi	taxi
¿Qué?	What?	teatro	theater
¿Quién?	Who?	temprano	early
quedar	to stay	tener	to have
quemar	to burn	tener _____ años	to be ___ years old
queso	cheese	tener calor	to be hot
quiero…	I want…	tener frío	to be cold
raqueta	raquet	tener hambre	to be hungry
reconocer	to recognize	tener miedo	to be scared
red	net	tener que…	to have to
regla	ruler	tener razón	to be right
regresar	to go back	tener sed	to be thirsty
reservar	to reserve	tener sueño	to be sleepy
respirar	to breathe	tener suerte	to be lucky
responder	to answer	tengo…	I have…
restaurante	restaurant	tenis	tennis
rompecabezas	puzzles	tía	aunt
romper	to break	tienda	store
ropa	clothing	tijeras	scissors
rubio/a	blond	tío	uncle
salir	to go out	tiza	chalk
secar	to dry off	tocar (un instrumento)	to play (an instrument)
sentimientos	feelings	todavía	still
separar	to separate	todos los días	everyday
serio/a	serious	tomar	to take
servir	to serve	tomate	tomato
sesenta	sixty	toser	to cough
setenta	seventy	trabajador/a	hard-working
siempre	always	traer	to bring
sigue…	continue…	traje de baño	swimsuit

tranquilo/a	calm
tren	train
triste	sad
tú	you (informal)
un momento	one moment
una vez	once
uniforme	uniform
usted (Ud.)	you (formal)
ustedes (Uds.)	you all
uva	grape
vender	to sell
verificar	to check
vestido	dress
viajar	to travel
viejo/a	old
vivir	to live
vólibol	volleyball
vosotros/as	you all (informal)
ya	already
yo	I
zanahoria	carrot
zapatillas	slippers
zapatos	shoes

About Pronto Spanish

www.prontospanish.com

At Pronto Spanish, we believe that:

- People can learn another language efficiently and effectively in an enjoyable, relaxed, and low-key atmosphere.

- Communication among people is the key to peace and harmony in neighborhoods, in the workplace and beyond. Language barriers can and should be broken down.

- All people, regardless of national origin, sex, gender, race, orientation or ethnicity, deserve to be treated with respect and dignity and at all times.

To learn more about our products below, please visit our website at www.prontospanish.com.

Title
¡A Conversar! 1 Student Workbook w/Audio CD
¡A Conversar! 1 Instructor's Guide
¡A Conversar! 2 Student Workbook w/Audio CD
¡A Conversar! 2 Instructor's Guide
¡A Conversar! 3 Student Workbook w/Audio CD
¡A Conversar! 3 Instructor's Guide
¡A Conversar! 4 Student Workbook w/Audio CD
¡A Conversar! 4 Instructor's Guide
¡A Trabajar! - An Occupational Spanish Course - Student Workbook
¡A Trabajar! - An Occupational Spanish Course - Instructor's Guide

Pronto Spanish also offers 15 online occupational Spanish courses, including Spanish for Educators, Spanish for Health Care, and Spanish for Construction.

About the Author

Tara Bradley Williams, founder of **Pronto Spanish** and author of the **¡A Conversar!** series has many years of Spanish teaching experience at the high school and community college levels. Through her teaching, she found that many students simply wanted to learn Spanish in an enjoyable way in order to communicate on a basic level without having to learn grammar rules taught in a traditional academic setting. Pronto Spanish and ¡A Conversar! was created just for these people.

Tara has a BA degree in Spanish and Sociology from St. Norbert College and a MA in Higher Education and Adult Studies from the University of Denver. She has studied Spanish at the Universidad de Ortega y Gasset, in Toledo, Spain and has lived and traveled extensively in Spain and Latin America. Tara currently lives in Wisconsin with her husband and three children.

¡A CONVERSAR! 3 Audio Downloads

Go to www.ProntoSpanish.com to download audio files for the Spanish vocabulary and stories found in ¡A Conversar! Level 3.

1- Introduction

Lección 1
2 - Introductions
3 - School
4 - Family Review
5 - Number Review
6 - Story

Lección 2
7 - Adjectives
8 - Comparisons
9 - Transportation
10 - Story

Lección 3
11 - Buildings & Places
12 - Directions
13 - Feelings
14 - Story

Lección 4
15 - Clothing
16 - "Tener" Expressions
17 - Story

Lección 5
18 - Expressing Opinions
19 - Time Expressions
20 - Story

Lección 6
21 - Hobbies & Sports
22 - More Time Expressions
23 - Story

Lección 7
24 - Food
25 - Story

Appendix
26 - Studies
27 - Professions